Uwe Stoppel

Implementierung einer Unternehmens-Public-Key-Infrastruktur unter Verwendung der Microsoft Active Directory Zertifikatsdienste

AF287688

Bibliografische Information der Deutschen Nationalbibliothek:

Bibliografische Information der Deutschen Nationalbibliothek: Die Deutsche Bibliothek verzeichnet diese Publikation in der Deutschen Nationalbibliografie; detaillierte bibliografische Daten sind im Internet über http://dnb.d-nb.de/ abrufbar.

Copyright © 2015 Diplomica Verlag GmbH
Druck und Bindung: Books on Demand GmbH, Norderstedt Germany
ISBN: 9783961165384

MIX
Papier aus verantwortungsvollen Quellen
Paper from responsible sources
FSC® C105338

FSC
www.fsc.org

http://www.diplom.de/e   r-unternehmens-public-
key-infrastruktur-unter

Uwe Stoppel

Implementierung einer Unternehmens-Public-Key-Infrastruktur unter Verwendung der Microsoft Active Directory Zertifikatsdienste

Diplom.de

Inhaltsverzeichnis

1 Einleitung

Public Key Infrastrukturen, die von ihnen ausgestellten Zertifikate und die ihnen zugrunde liegenden kryptographischen Prinzipien pflegen in der Regel ein Schattendasein in EDV-Infrastrukturen, dabei sind ihre Anwendungsfälle allgegenwärtig. Ob beim Einkaufen oder dem Abwickeln von Bankgeschäften über das Internet, bei der digitalen Einreichung der Einkommensteuererklärung oder der Telearbeit: Kryptographie und Zertifikate sind bestimmen nicht mehr nur unser digitales Leben.

Die folgende Arbeit befasst sich mit der Implementierung einer Infrastruktur für die Ausstellung eben solcher digitaler Zertifikate in einem Unternehmensnetzwerk. Bevor die konkrete Umsetzung in einem Kundenszenario betrachtet wird, werden zunächst die grundlegenden Konzepte und Begriffe erläutert, um beim Leser ein entsprechendes Verständnis für die Materie zu erzeugen.

Nach Möglichkeit wird die deutsche Sprache verwendet. Da jedoch viele Fachbegriffe ihre Wurzeln im englischen Sprachraum haben, wird bei der ersten Erwähnung der deutsche Begriff verwendet, begleitet vom englischen Original und der offiziellen Abkürzung. Im weiteren Verlauf der Arbeit wird aus Gründen der Vereinfachung dann nur noch die Abkürzung verwendet.

2 Hintergründe

Bevor die konkrete Planung und Implementierung einer Public Key Infrastruktur (PKI) in einer Kundenumgebung beschrieben wird, wird die Hintergründe des Einsatzes von Kryptographie, PKIs sowie der Funktionsweise der essentiellen Komponenten einer PKI beschrieben.

2.1 Gründe für den Einsatz von Kryptographie

Der Bedarf für den Einsatz für Kryptographie kann unter dem Begriff zusammengefasst werden, eine sichere Kommunikation im Beisein nicht vertrauenswürdiger Dritter zu gewährleisten. Die Ziele der Kryptographie sind:

1. Zu verhindern, dass Daten in unbefugte Hände geraten (Die Vertraulichkeit der Daten zu gewährleisten).
2. Herauszufinden, ob Daten während dem Transport verändert wurden (Die Integrität der Daten zu gewährleisten).
3. Die Quelle der Daten eindeutig zu bestimmen (Die Authentizität der Daten zu gewährleisten).
4. Zusätzlich können sich Benutzer oder Computer mithilfe der Kryptographie authentifizieren.

Bereits im alten Ägypten sorgte die Verwendung von Hieroglyphen dafür, dass Nachrichten nur von wenigen privilegierten Personen verstanden werden konnten. Auch die alten Römer griffen auf ein kryptographisches Verfahren, welches heute unter dem Namen „Cäsar-Verschlüsselung" bekannt ist, zurück, um geheime militärische Nachrichten vor dem Zugriff unbefugter zu schützen. Im zweiten Weltkrieg gelangte die Chiffriermaschine „Enigma" zu zweifelhafter Berühmtheit, bevor sie durch die alliierten Streitkräfte bezwungen werden konnte.

2.2 Grundlagen moderner Kryptographie

In der modernen Kryptographie kommen zwei Verfahren zum Einsatz, um die zuvor genannten Ziele zu erreichen: Verschlüsselung und Signierung. Beide werden nachfolgend vorgestellt.

2.2.1 Digitale Verschlüsselung

Digitale Verschlüsselung sichert die Vertraulichkeit der Daten. Hierbei wird ein Klartext in Kombination mit einem mathematischen Schlüssel in eine kryptographische Funktion eingegeben, um einen Chiffretext zu erzeugen. Digitale Verschlüsselung kennt hierbei zwei Verfahren: das symmetrische und das asymmetrische.

Bei der symmetrischen Verschlüsselung wird der gleiche Schlüssel für die Ver- und die Entschlüsselung verwendet. In Folge dessen muss der Schlüssel dem Kommunikationspartner im Vorfeld über einen sicheren Übertragungsweg bekanntgegeben werden, damit er die verschlüsselten Daten entschlüsseln bzw. verschlüsselte Daten versenden kann.

Abbildung 1: Symmetrische Verschlüsselung

Quelle: Eigene Darstellung

Bei der asymmetrischen Verschlüsselung verfügt jeder Kommunikationspartner über jeweils zwei Schlüssel (ein Schlüsselpaar), welche für die verschlüsselte Kommunikation verwendet werden. Was mit einem der beiden Schlüssel verschlüsselt wurde, kann nur mit dem jeweils anderen Schlüssel wieder entschlüsselt werden. Es wird hier unterschieden zwischen dem privaten und dem öffentlichen Schlüssel: Beide Schlüssel sind technisch identisch aufgebaut, jedoch muss der private Schlüssel von seinem Besitzer unter Verschluss gehalten werden. Der öffentliche Schlüssel wird an die Kommunikationspartner herausgegeben. Sie können dann mit diesem Schlüssel Daten verschlüsseln, welche nur durch den Inhaber des privaten Schlüssels wieder mit diesem entschlüsselt werden kann.

Abbildung 2: Asymmetrische Verschlüsselung

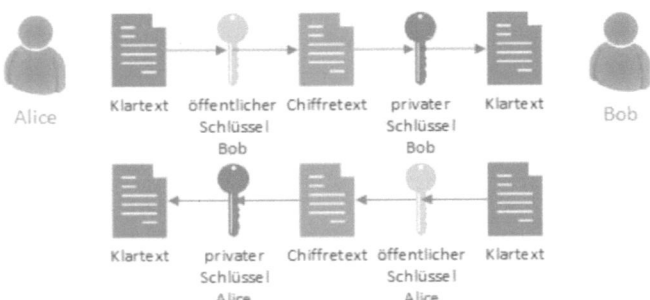

Asymmetrische Verschlüsselung

Alice | Klartext | öffentlicher Schlüssel Bob | Chiffretext | privater Schlüssel Bob | Klartext | Bob

Klartext | privater Schlüssel Alice | Chiffretext | öffentlicher Schlüssel Alice | Klartext

Quelle: Eigene Darstellung

Der Nachteil der asymmetrischen Verschlüsselung ist, dass sie wesentlich mehr Rechenkapazität benötigt, als die symmetrische Verschlüsselung. Der Geschwindigkeitsunterschied liegt in Abhängigkeit vom verwendeten Algorithmus zwischen 1 und 5000 im Vergleich zur symmetrischen Verschlüsselung. Aus diesem Grund werden in der modernen Kryptographie oft beide Verfahren in Kombination eingesetzt, um deren Vorteile miteinander zu verbinden. Hierbei spricht man von einem hybriden Verschlüsselungsverfahren. Die Verschlüsselung der transportierten Daten erfolgt hierbei mit einem symmetrischen Verfahren, ein asymmetrisches Verfahren wird verwendet, um den symmetrischen Schlüssel zu verschlüsseln bzw. ihn den Kommunikationspartnern bekanntzugeben (Schlüsselaustausch, engl. Key Exchange).

2.2.2 Digitale Signierung

Digitale Signierung sichert die Authentizität und Integrität der Daten. Dieser Vorgang erfolgt nach folgendem Schema:

- Es wird eine mathematische Einmalfunktion (Hashalgorithmus) eingesetzt, welche eine Prüfsumme von fester Länge über die Daten erzeugt, die sich bei einer Modifikation der Daten ändern würde, und keinen Rückschluss auf die Daten ermöglicht (daher der Name „Einmalfunktion").
- Die Prüfsumme wird mit dem privaten Schlüssel der signierenden Entität verschlüsselt. Andere Teilnehmer können die Signatur mit dessen öffentlichen Schlüssel wieder entschlüsseln.
- Der Empfänger der Daten erstellt nun mit dem gleichen Hashverfahren eine Prüfsumme der Daten und vergleicht diese mit der den Daten beiliegenden

signierter Prüfsumme. Wurde der Inhalt der Daten während dem Transport verändert, unterscheiden sich die beiden Prüfsumme. Auf diese Weise kann eine Manipulation erkannt werden.

Da der Inhaber des privaten Schlüssels dessen einziger Besitzer sein sollte, wird auf diese Weise auch derjenige eindeutig identifiziert, der die Signatur ausgestellt hat. Somit wird verhindert, dass jemand leugnen kann, er hätte die Signatur ausgestellt (Nichtabstreitbarkeit).

Ein Hashverfahren erzeugt aus einem Klartext nach einem gewählten Algorithmus eine mathematische Prüfsumme (Hashwert, Fingerabdruck, (Message) Digest). Technisch ist es möglich, aber äußerst unwahrscheinlich, dass ein Hashverfahren für zwei unterschiedliche Klartexte zur gleichen Prüfsumme kommt (Kollision). Einige ältere Hashverfahren gelten mittlerweile als unsicher, da bei ihnen gezielt Kollisionen herbeigeführt werden können.

2.2.3 Digitale Zertifikate

Digitale Schlüssel haben einen entscheidenden Nachteil: Sie enthalten keinerlei Metainformationen (Zusatzinformationen zu einer Information) wie etwa den Besitzer oder den vorgesehen Einsatzweck des Schlüssels. Digitale Zertifikate sind entsprechende Datenstrukturen, welche dieses Problem lösen[1]. Sie stellen die elektronische Repräsentation einer Person, eines Computers, Netzwerkgerätes oder eines Dienstes dar. Sie werden in der Regel von einer Zertifizierungsstelle (engl. Certification Authority, CA) signiert. Zertifikate basieren auf der asymmetrischen Kryptographie und enthalten daher einen öffentlichen Schlüssel.

Durch die (mit deren privatem Schlüssel verschlüsselte) Signatur der Zertifizierungsstelle wird das Zertifikat vor Änderungen geschützt. Würde man ein Detail des Zertifikats verändern, würde sich die Signatur verändern und damit letztendlich auch das Zertifikat selbst seinen Vertrauensstatus verlieren.

Bevor die Zertifizierungsstelle ein Zertifikat signiert, muss die Identität des Antragstellers überprüft und betätigt werden, was direkt (persönliches Vorsprechen des Antragstellers) oder indirekt (z.B. Eingabe einer Benutzerkennung samt Passwort) erfolgen kann. Solche Details unterscheiden sich von Zertifizierungsstelle zu Zertifizierungsstelle und sind üblicherweise in rechtlich verbindlichen sowie für Benutzer der Zertifizierungsstellen einsehbaren Dokumenten (Certificate Policies, CPs und Certificate Practice Statement, CPS) geregelt.

---

[1] Vgl. Schmeh (2014), S. 507.

2.3 Public Key Infrastrukturen

Eine Public Key Infrastruktur umfasst alle Komponenten (Hardware, Software und Prozesse), welche für die Verwendung digitaler Zertifikate benötigt werden[2]. Eine PKI besteht aus einer oder mehreren Zertifizierungsstellen. Die Aufgaben einer PKI sind[3]:

- Sicherstellung der Authentizität der Schlüssel, d.h. das Herstellen einer nachvollziehbaren Verbindung zwischen einem Schlüssel und seiner Herkunft, um Missbrauch zu unterbinden.
- Sperrung von Zertifikaten, d.h. sicherzustellen, dass kompromittierte (z.b. gestohlene) Schlüssel nicht mehr verwendet werden können.
- Gewährleistung der Verbindlichkeit (Nichtabstreitbarkeit), d.h. z.B. dass der Besitzer eines Schlüssels nicht abstreiten kann, dass er ihm gehört.
- Durchsetzen von Richtlinien (engl. Policies), d.h. standardisierter Vorgehensweisen für die Verwendung von Zertifikaten.

Wichtig ist hierbei zu erwähnen, dass sich eine Zertifizierungsstelle ausschließlich um die Verwaltung der öffentlichen Schlüssel kümmert, in keinem Fall um die der privaten Schlüssel[4].

Eine Zertifizierungsstelle besteht in der Regel aus einem oder mehreren Computern mit einer entsprechend installierten Software, dazugehörigen Prozessen und Dokumenten. Zertifizierungsstellen sind Komponenten einer Public Key Infrastruktur (PKI). Ihre Hauptaufgaben bestehen darin[5]…

1. Die Identität von Antragstellern zu überprüfen und sicherzustellen, dass Zertifikate nur an berechtigte Antragsteller ausgegeben werden.
2. Zertifikate auszustellen (d.h. zu signieren).
3. Den Sperrstatus der ausgestellten Zertifikate zu verwalten und bekanntzugeben[6].

In Unternehmensnetzwerken ist es üblich, dass man eine Hierarchie aus mehreren CAs etabliert. Dies erhöht zum einen die Sicherheit, zum anderen die Skalierbarkeit. Am häufigsten ist ein Modell mit zwei Ebenen vorzufinden: An der Spitze einer solchen

---

[2] Vgl. Schmeh (2014), S. 508.
[3] Vgl. Schmeh (2014), S. 506.
[4] Die privaten Schlüssel werden als Teil des Schlüsselpaars beim jeweiligen Antragsteller erzeugt und kommen somit niemals in Kontakt mit der Zertifizierungsstelle.
[5] Vgl. Komar (2008), S. 29.
[6] Die Identifizierung einzelner Zertifikate (u.A. bei deren Sperrung) erfolgt durch die Seriennummer, ein Attribut des Zertifikats, welches bei Ausstellung durch die Zertifizierungsstelle mit einem eindeutigen Wert befüllt wird.

Hierarchie steht eine einzelne Stammzertifizierungsstelle (engl. Root CA), welcher mehrere Zwischenzertifizierungsstellen (engl. Intermediate CA), und ausstellende Zertifizierungsstellen (engl. Issuing CA genannt), untergeordnet sind. Auf diese Weise kann beispielsweise die Root CA effektiv vor Angriffen aus dem Netzwerk geschützt werden, indem sie niemals mit einem Netzwerk verbunden wird (daher wird auch der Begriff „Offline Root CA" verwendet). In seltenen Fällen kommt eine Hierarchie aus drei Ebenen zum Einsatz, hierbei wird zwischen der Root CA und den ausstellenden CAs eine weitere Ebene an Zwischenzertifizierungsstellen eingesetzt, die z.B. für die Erzwingung organisatorischer Richtlinien eingesetzt werden (engl. Policy CA) kann[7].

Abbildung 3: Dreistufige Zertifizierungsstellen-Hierarchie

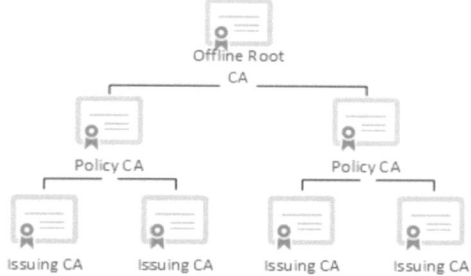

Quelle: Eigene Darstellung

Die kritischste Komponente einer CA ist ihr privater Schlüssel. Gelingt es einem Angreifer, den privaten Schlüssel zu entwenden, ist die gesamte Vertrauenskette abwärts (d.h. inklusive aller von ihr in der Vergangenheit und in Zukunft ausgestellten Zertifikate) kompromittiert. Aus diesem Grund muss der private Schlüssel jeder einzelnen CA besonders sensibel behandelt und durch entsprechende Maßnahmen geschützt werden. Ohne besondere Schutzmaßnahmen befindet er sich sowohl auf der Festplatte als auch im Arbeitsspeicher des CA-Computers, während die Zertifizierungsstellen-Software ausgeführt wird, und kann von dort entwendet werden[8]. Um diesem Problem entgegen zu wirken, sollten die folgenden Sicherheitsmaßnahmen ergriffen werden:

- Root CAs und Policy CAs sollten niemals (d.h. tatsächlich zu keinem Zeitpunkt, auch nicht während der Installation oder Wartung) mit einem Netzwerk

---

[7] Policy CAs sollten ebenfalls offline gehalten werden.
[8] Hierzu gibt es mittlerweile technisch weit fortgeschrittene Angriffswerkzeuge wie z.B. Mimikatz. Siehe hierzu u.A. http://musingsysadmin.com/2013/08/export-non-exportable-certificate-keys-fron-store/, Zugriff am 15.01.2015.

verbunden werden, um zu verhindern, dass sie über dieses angegriffen und kompromittiert werden können. Im Gegensatz zu allen anderen Zertifikaten in einer PKI kann das der Root CA in den meisten Fällen nicht widerrufen werden, da es durch sich selbst signiert ist (engl. Self-signed).

- Eine CA sollte, wenn überhaupt, nur unter Anwendung gesonderter Sicherheitsmaßnahmen in einer virtuellen Umgebung (z.b. VMware, Xen, Hyper-V) ausgeführt werden. Neben der Gefahr des Diebstahls sensibler Daten besteht durch die in den meisten Virtualisierungsumgebungen vorhandene Schnappschussfunktion ein hohes Risiko unerkannter Manipulation[9]. Die Virtualisierungs-Hosts sollten vor dem Zugriff unbefugter gesondert gesichert werden, etwa durch einen zusätzlich abschließbaren Serverschrank, erweiterte Zutrittskontrollen und die Verwendung einer Festplattenvollverschlüsselung.

- Der private Schlüssel einer CA sollte mit einem Hardwaresicherheitsmodul (engl. Hardware Security Module, HSM) gesichert werden. Hierbei handelt es sich um dedizierte Geräte, welche den privaten Schlüssel unter Verschluss halten (Nichtexportierbarkeit) und über ein abgestuftes Rechtemodell sicherstellen können, dass nur befugte Personen und Computer den privaten Schlüssel verwenden können. Kryptographische Operationen können nur über das HSM ausgeführt werden.

2.4 Verwendung von Zertifikaten mit Microsoft Windows

Anwendungen, die auf dem Betriebssystem Microsoft Windows arbeiten, haben grundsätzlich zwei Möglichkeiten, Zertifikate zu verwenden:

1. Microsoft Windows beinhaltet die Microsoft CryptoAPI, eine Programmierschnittstelle, welche kryptographische Operationen im Auftrag der aufrufenden Anwendung durchführen kann. Ein wesentlicher Vorteil hierbei ist, dass Zertifikate von den Anwendungen gemeinsam verwendet und zentral verwaltet werden können.

2. Die Anwendung kann ihre eigenen kryptographischen Operationen implementieren, und somit die Microsoft CryptoAPI umgehen. Ein populäres Beispiel hierfür ist der Browser Mozilla Firefox, welcher eine eigene Kryptographie-Implementierung verwendet.

---

[9] Ein Angreifer könnte etwa einen Schnappschuss erstellen, sich dann ein Zertifikat ausstellen und anschließend den Schnappschuss wiederherstellen. Nun wäre er im Besitz eines gültigen Zertifikats, ohne dass die Administratoren die Chance hätten, dies zu erkennen und/oder das Zertifikat zu wiederrufen, da ihnen dessen Seriennummer nicht bekannt ist - diese wird in der Datenbank der Zertifizierungsstelle gespeichert und wurde durch Wiederherstellung des Schnappschusses der virtuellen Maschine effektiv verschleiert.

Bei der nachfolgenden Betrachtung wird angenommen, dass die verwendeten Anwendungen auf die Microsoft CryptoAPI zurückgreifen.

2.5 Validierung von Zertifikaten

Die Validierung von Zertifikaten lässt sich in mehrere miteinander verbundene Prozesse aufteilen[10], die nachfolgend näher beschrieben werden:

1. Das Auffinden von Zertifikaten beschreibt den Prozess, alle Zertifizierungsstellenzertifikate, die zur Überprüfung eines Zertifikats benötigt werden, zu ermitteln.

2. Die Validierung des Zertifizierungspfades beschreibt den Prozess, die Vertrauenskette herzustellen, indem alle Zertifikate innerhalb der Kette überprüft werden, bis sie bei einem als vertrauenswürdig eingestuften Zertifikat einer Root CA endet.

3. Die Überprüfung des Sperrstatus beschreibt den Prozess, den Sperrstatus für alle Zertifikate innerhalb einer Vertrauenskette zu überprüfen.

4. Die Zertifikatsvalidierung beschreibt den Prozess, den Inhalt aller Zertifikate der Kette auf Gültigkeit zu überprüfen.

2.5.1 Auffinden von Zertifikaten und Validierung des Zertifizierungspfades

Um feststellen zu können, ob ein Zertifikat von einer als vertrauenswürdig eingestuften Zertifizierungsstelle ausgestellt wurde, muss eine Vertrauenskette (engl. Trust Chain) gebildet werden. Hierfür müssen alle Zertifikate in der Kette ermittelt und überprüft werden. Die Microsoft CryptoAPI bildet alle möglichen Zertifikatketten und liefert diejenigen mit der höchsten Qualität[11] an die anfragende Anwendung zurück.

Abbildung 4: Zertifikatskette

---

[10] Vgl. Microsoft (2003).
[11] Es können mehrere Wege zum Ziel führen, beispielsweise wenn sich Zertifizierungsstellen gegenseitig signieren (engl. Cross Signing).

9

Quelle: Eigene Darstellung

Zur besseren Verdeutlichung der Funktionsweise wird im nachfolgenden Beispiel der Prozess des Auffindens von Zertifikaten anhand einer dreistufigen PKI-Hierarchie erläutert.

Abbildung 5: Auffinden der Zertifikate in einer Zertifikatskette

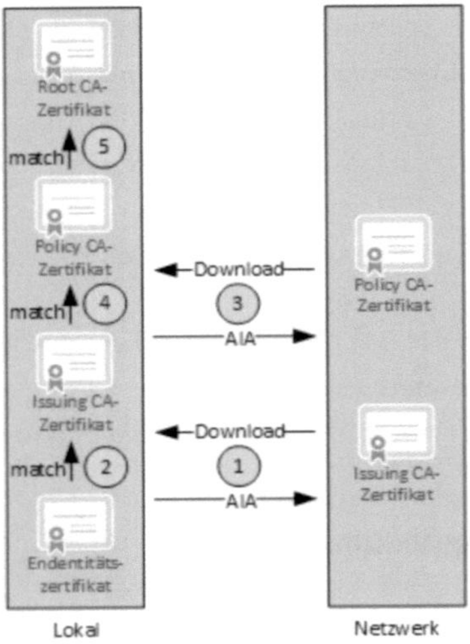

Lokal   Netzwerk

Quelle: Eigene Darstellung

1. Für das zu überprüfende Endentitätszertifikat wird aus dem Stelleninformationszugriff-Feld (engl. Authority Information Access, AIA) der Downloadpfad für das CA-Zertifikat der ausstellenden Zertifizierungsstelle (der Issuing CA) ermittelt. Dieses wird anschließend heruntergeladen und lokal abgespeichert.
2. Es wird nun ist eine Zuordnung des Endentitätszertifikats zum CA-Zertifikat der Issuing CA vorgenommen (siehe nachfolgender Absatz), welches nun als nächstes überprüft werden muss.
3. Für das zu überprüfende Zertifikat der Issuing CA wird aus dessen AIA-Feld der Downloadpfad für das Zertifikat der ausstellenden Zertifizierungsstelle (der Policy CA) ermittelt. Dieses wird anschließend heruntergeladen und lokal abgespeichert.

4. Es wird nun ist eine Zuordnung des CA-Zertifikats der Issuing CA zum CA-Zertifikat der Policy CA vorgenommen, welches nun als nächstes überprüft werden muss.

5. Für das zu überprüfende CA-Zertifikat der Policy CA wird die ausstellende Zertifizierungsstelle (die Root CA) ermittelt. Dieses Zertifikat muss sich in der lokalen Liste vertrauenswürdiger Stammzertifizierungsstellen befinden, um als gültig erkannt zu werden. Auch wenn das AIA-Feld des Zertifikats der Issuing CA auf die Root CA verweist, und der Client somit theoretisch die Möglichkeit hätte, es herunterzuladen und abzuspeichern, würde ein Client das Zertifikat dennoch als nicht vertrauenswürdig betrachten, wenn das Stammzertifizierungsstellenzertifikat nicht bereits vorher durch einen Systemadministrator im lokalen Speicher hinterlegt wurde. Ohne dieses Verhalten wäre keine Kontrolle darüber möglich, welchen CA-Zertfikaten vertraut werden soll, und welche nicht.

Abbildung 6: Authority Information Access (AIA) Attribut in einem Zertifikat

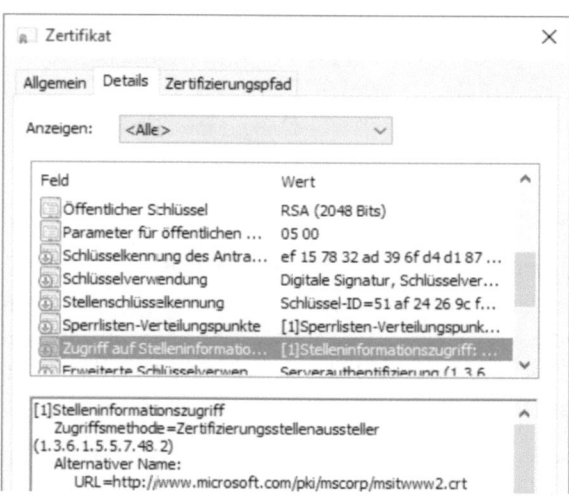

Quelle: Eigene Darstellung

Die Zuordnung eines Zertifikats zu dessen Zertifizierungsstelle erfolgt durch den Abgleich bestimmter Attribute innerhalb beider Zertifikate. Hierbei gibt es drei Möglichkeiten, je nachdem, welche Attribute in den Zertifikaten enthalten sind:

1. Exact Match. Enthält das Endentitätszertifikat ein Authority Key Identifier (AKI) Attribut, welches sowohl ein Antragsteller (engl. Subject) als auch einen

Schlüssel-Identifizierer beinhaltet, werden diese beiden Felder mit denen im Subject Key Identifier (SKI) der ausstellenden Zertifizierungsstelle verglichen.

2. Key Match. Enthält das Endentitätszertifikat ein AKI-Attribut, welches nur den Schlüssel-Identifizierer des öffentlichen Schlüssels der ausstellenden Zertifizierungsstelle beinhaltet, wird dieser mit dem im Subject Key Identifier (SKI) der ausstellenden Zertifizierungsstelle enthaltenen Schlüssel-Identifizierer verglichen.

3. Name Match. Ist das AKI-Feld entweder leer oder gar nicht vorhanden, wird das Issuer-Feld des Zertifikats mit dem Subject-Feld der ausstellenden Zertifizierungsstelle verglichen.

Abbildung 7: Key Match (links: Endentität, rechts: ausstellende Zertifizierungsstelle)

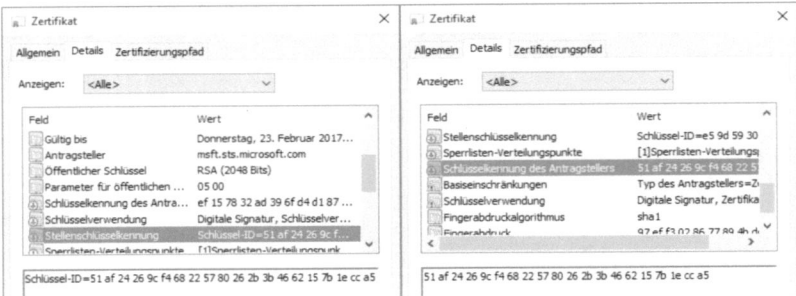

Quelle: Eigene Darstellung

2.5.2 Überprüfung des Sperrstatus von Zertifikaten

Soll ein gültiges, noch nicht abgelaufenes Zertifikat aus dem Verkehr gezogen werden, muss es widerrufen werden. Hierfür pflegen die Zertifizierungsstellen entsprechende Sperrlisten, in welchen die digitalen Fingerabdrücke der widerrufenen Zertifikate aufgelistet sind. Sie müssen bei der Gültigkeitsprüfung abgefragt werden.

Damit überprüft werden kann, ob die von einer PKI ausgestellten Zertifikate noch für die Verwendung freigegeben sind, muss diese Information den Kommunikationspartnern zur Verfügung gestellt werden. Wird ein Zertifikat z.B. aufgrund eines Diebstahls widerrufen bzw. gesperrt, wird dessen Seriennummer in einer Sperrliste (engl. Certificate Revocation List, CRL) hinterlegt[12].

---

[12] Die Microsoft-CA speichert lediglich zeitlich gültige, widerrufene Zertifikate in der Sperrliste, d.h. dass abgelaufene widerrufene Zertifikate nicht mehr beinhaltet sind. Dieses Verhalten kann jedoch bei Bedarf (z.B. Revisionssicherheit) geändert werden.

Abbildung 8: Certificate Revocation List (CRL)

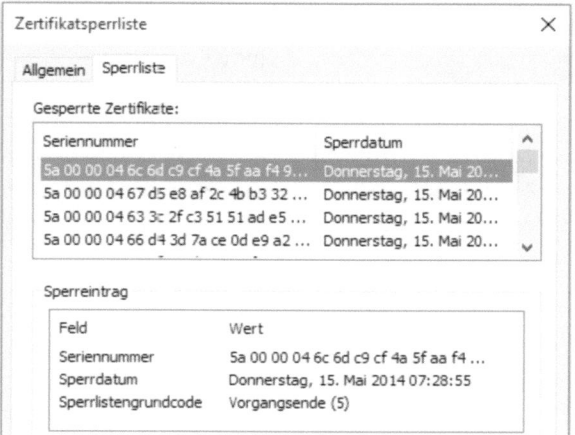

Quelle: Eigene Darstellung

Für das Widerrufen von Zertifikaten können die folgenden Gründe angegeben werden[13]:

Tabelle 1: Sperrlistengrundcodes

Code	Bezeichnung (englisch)	Bezeichnung (deutsch)	Beschreibung
0	Unspecified	Unspezifiziert	
1	Key Compromise	Schlüssel-kompromittierung	Der private Schlüssel eines Zertifikats wurde entwendet oder anderweitig unbefugten Dritten bekannt.
2	CA Compromise	CA-Kompromittierung	Der private Schlüssel der Zertifizierungsstelle wurde entwendet oder anderweitig unbefugten Dritten bekannt.
3	Affiliation Changed	Änderung des Zertifikatsinhalts	Wenn sich der Inhalt des Zertifikats (z.B. der Name des Benutzers) geändert hat, muss ein neues Zertifikat ausgestellt werden.
4	Superseded	Neues Zertifikat vorhanden	Das widerrufene Zertifikat wurde durch ein neues Zertifikat ersetzt.
5	Cessation of Operation	Einstellung des Betriebs (Vorgangsende)	Der Betrieb des zum Zertifikate gehörenden Dienstes wurde eingestellt, etwa weil es einen neuen Dienst unter anderem Namen gibt.
6	Certificate Hold	Suspendierung	Das Zertifikat wird vorübergehend widerrufen. Dieser Sperrungstyp ist der einzige, bei dem die Sperrung nachträglich wieder rückgängig gemacht werden

---

[13] Vgl. Schmeh (2013), S. 567.

13

Code	Bezeichnung (englisch)	Bezeichnung (deutsch)	Beschreibung
			kann.

Quelle: Eigene Darstellung

Die durchgehende Verfügbarkeit der CRL ist deutlich wichtiger als die der CA selbst: Muss der Sperrstatus eines Zertifikats von einem Computer überprüft werden, und ist eine gültige CRL zu diesem Zeitpunkt nicht verfügbar, schlägt die Prüfung fehl. Dies ist insbesondere aufgrund der sehr kurzen Gültigkeitszeiträume der CRL (in der Regel wenige Tage) äußerst kritisch.

Abbildung 9: Felder zur Bestimmung des Gültigkeitszeitraums einer CRL

Quelle: Eigene Darstellung

Zur Ermittlung der zeitlichen Gültigkeit einer CRL stehen bis zu drei Felder zur Verfügung:

Tabelle 2: Felder zur Bestimmung des Gültigkeitszeitraums einer CRL

Bezeichnung (englisch)	Bezeichnung (deutsch)	Beschreibung
This Update	Gültig ab	Dieses Feld enthält das Datum, an welchem die Sperrliste signiert wurde, und damit dessen Gültigkeitszeitraum beginnt. Microsoft-Zertifizierungsstellen setzen den Wert zehn Minuten vor die aktuelle Uhrzeit, um Differenzen der Systemzeit (engl. „Clock Skew") der verschiedenen Teilnehmer auszugleichen.
Next Update	Nächste	Dieses Feld enthält das Datum, an welchem die Sperrliste ungültig

Bezeichnung (englisch)	Bezeichnung (deutsch)	Beschreibung
	Aktualisierung	wird und durch eine neue Sperrliste ersetzt werden muss. Microsoft-Zertifizierungsstellen setzen den Wert zehn Minuten in die Zukunft, um Differenzen der Systemzeit der verschiedenen Teilnehmer auszugleichen.
Next Publishing Date	Nächste Sperrlisten-veröffentlichung	Dieses optionale Feld enthält das Datum, an welchem eine neue Sperrliste durch die Zertifizierungsstelle ausgestellt werden soll. Clients, die die alte Sperrliste noch in ihrem Cache haben, können diese bis zum effektiven Ablaufdatum („Next Update") weiterhin verwenden, haben aber die Möglichkeit, bereits eine neue Sperrliste herunterzuladen (diese Funktion wird Pre-Fetching genannt). Die Verwendung dieses Feldes bei der Ausstellung von Sperrlisten wird auch CRL-Überlappung (CRL Overlapping) genannt.

Quelle: Eigene Darstellung

Der Speicherort, von dem die aktuelle CRL bezogen werden kann (z.B. ein Webserver) wird über das CDP-Attribut (engl. Certificate Distribution Point) innerhalb der Zertifikate bekanntgegeben.

Abbildung 10: CRL Distribution Point (CDP) Attribut in einem Zertifikat

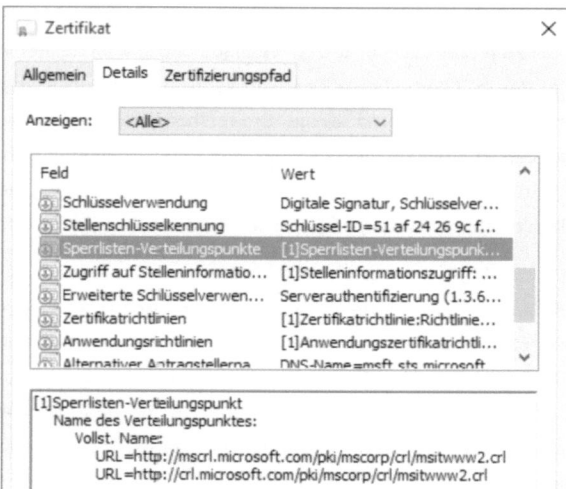

Quelle: Eigene Darstellung

Ein deutlicher Nachteil der Verwendung von CRLs ist, dass sie mit der Zeit sehr groß werden können, wenn viele Zertifikate widerrufen werden. Eine CRL sollte aus Gründen der Aktualität und somit letztendlich der Sicherheit einen möglichst kurzen Gültigkeitszeitraum (oft nur wenige Tage) haben. Die CRLs müssen bei jeder

Aktualisierung von allen Systemen und Anwendungen, die eine Sperrlistenprüfung durchführen, heruntergeladen werden, was sich mit zunehmendem Wachstum der CRL in der Auslastung des Netzwerks und entsprechenden Wartezeiten bei der Validierung von Zertifikaten bemerkbar machen kann.

Dieses Problem kann zum Teil mit Delta CRLs umgangen werden. Diese Dateien werden in kürzeren Abständen zusätzlich zu einer regulären CRL (der Base CRL) erzeugt und enthalten lediglich die Änderungen seit der letzten Veröffentlichung der Base CRL. Durch die kurze Laufzeit der Delta CRLs muss man aber auch eine deutlich reduzierte Reaktionszeit bei einem Ausfall der Zertifizierungsstelle einplanen, sodass der Einsatz von Delta CRLs nur dann empfohlen werden kann, wenn eine entsprechende personelle Abdeckung sowie geeignete Notfallmaßnahmen definiert sind.

Ein generelles Problem von CRLs ist, dass sie ständig im Zugriff gehalten werden müssen. Üblicherweise speichern Clients eine CRL zwar zwischen, jedoch erhöht sich insbesondere durch kürzere Gültigkeitszeiträume aufgrund von Delta CRLs auch die Anzahl der Erneuerungen dieses Caches. Kann ein Client keine aktuelle CRL herunterladen, weil der CDP zu diesem Zeitpunkt nicht verfügbar ist, und ist die Kopie im Cache abgelaufen, wird das zu überprüfende Zertifikat als nicht vertrauenswürdig eingestuft. Aufgrund dieser Problematik sind einige Browserhersteller mittlerweile sogar dazu übergegangen, den Sperrstatus von digitalen Zertifikaten im Internet nicht mehr durch ihre Produkte überprüfen zu lassen, wenn die CRLs nicht abgerufen werden können. Dies stellt in einer hoch sicherheitskritischen Unternehmensumgebung jedoch keine Option dar.

Eine Alternative zu Sperrlisten stellt das Online-Zertifikatsstatusprotokoll (engl. Online Certificate Status Protocol, OCSP) dar. Anstelle des Downloads einer (vermeintlich großen) CRL fragt ein Client für jedes zu prüfende Zertifikat bei einem sog. Online-Responder den Sperrstatus ab und erhält eine signierte Antwort, ob das Zertifikat gesperrt wurde oder nicht. OCSP greift in der Microsoft-Implementierung wiederum auf CRLs als Datenbasis zurück.

Die Verfügbarkeit von OCSP kann innerhalb des AIA-Attributs in einem Zertifikat angegeben oder global auf dem überprüfenden Computer konfiguriert werden. Ist eine OCSP-Adresse im zu überprüfenden Zertifikat vorhanden, wird diese von modernen Windows-Betriebssystemen gegenüber Sperrlisten bevorzugt. Fragt ein Windows-Computer zu häufig bei einem Online-Responder nach, so kann er (gesteuert über die sog. magische Zahl (engl. Magic Number) auf die Verwendung der Sperrliste zurückfallen, wenn dies effizienter ist.

OCSP bringt neben seinen Vorteilen jedoch auch einige Nachteile mit sich:

- OCSP wird aufgrund der nahezu in Echtzeit erfolgenden Sperrprüfung oft als Sicherheitsmerkmal verstanden, es ist aber lediglich ein Werkzeug zur Leistungssteigerung der Sperrungs-Infrastruktur, da nicht garantiert werden kann, dass der Client letztendlich nicht doch auf die Sperrliste mit deutlich längeren Wartezeiten zurückgreift.
- OCSP ist standortabhängig, d.h. in einer verteilten Infrastruktur würden sich alle Clients über potentiell langsame und ausfallgefährdete WAN-Leitungen zum zentralen Online-Responder verbinden, was effektiv sogar zu einer Erhöhung der CRL-Prüfzeit sowie Netzwerklast führen kann.

Es kann jedoch durchaus eine Überlegung wert sein, OCSP zu implementieren, obwohl man es vom derzeitigen Standpunkt aus betrachtet nicht benötigt. Sollte künftig der Bedarf entstehen können, sehr viele Zertifikate in einem kurzen Zeitraum zu müssen, wie es beim Heartbleed-Vorfall der Fall war, wäre die Sperrprüfung per Sperrlisten schnell an der Grenze ihre Leistungsfähigkeit angelangt.

Sowohl CRLs als auch OCSP-Antworten werden für den Zeitraum ihrer Gültigkeit von der Microsoft CryptoAPI zwischengespeichert. Auf Windows-Betriebssystemen gibt es zwei Arten von Zwischenspeichern (Caches):

- Festplatten-Cache. Dieser Cache kann von allen Anwendungen benutzt werden und ist persistent, d.h. auch nach einem Neustart des Computers verfügbar.
- Arbeitsspeicher-Cache. Dieser Cache ist Anwendungs-spezifisch und nur während der Laufzeit der Anwendung vorhanden. Wird die Anwendung beendet, wird auch der Cache gelöscht.

2.5.3 Überprüfung der Gültigkeit von Zertifikaten

Die Vertrauenswürdigkeit eines digitalen Zertifikates bemisst sich unter Anderem nach den folgenden Kriterien:

- Liegt das Zertifikat in einem gültigen Format vor?
- Ist der Betreff (engl. Subject Name) des Zertifikats gültig?
- Ist die Vertrauenskette vollständig?
- Endet die Vertrauenskette bei einem als vertrauenswürdig eingestuften Root CA Zertifikat?

17

- Befindet sich das Zertifikat innerhalb seines Gültigkeitszeitraums[14]?
- Stimmt der signierte Hashwert des Zertifikats mit seinem tatsächlichen Hashwert überein?
- Wurde das Zertifikat widerrufen oder ist es im Speicher für nicht vertrauenswürdige Zertifikate abgespeichert?
- Ist das Zertifikat für den vorgesehenen Einsatzzweck freigegeben worden ("Key Usage" und "Extended Key Usage" Attribute)?
- Unterliegt das Zertifikat bestimmten Einschränkungen (engl. Constraints), z.B. auf bestimmte Domänennamen oder Hierarchieebenen?
- Werden alle als kritisch markierten Erweiterungen des Zertifikats[15] vom Client verstanden?

Dieser Prozess wird für jedes Zertifikat einer zu überprüfenden Zertifikatkette durchgeführt. Nur wenn alle Zertifikate innerhalb einer Kette diesen Prozess erfolgreich durchlaufen haben und folglich als vertrauenswürdig anerkannt werden, wird auch das eigentliche zu überprüfende Zertifikat letztendlich als vertrauenswürdig anerkannt.

---

[14] Ein Zertifikat besitzt ein Ausstellungs- und ein Ablaufdatum. Es ist nur innerhalb dieser Zeitspanne gültig.
[15] Als kritisch markierte Erweiterungen müssen auf einem Client, der diese Erweiterung nicht kennt, dazu führen, dass das Zertifikat als nicht vertrauenswürdig eingestuft wird.

3   Implementierung

Idealerweise geht der Implementierung einer PKI eine Sicherheits-Bedarfs-Analyse voraus, deren Ergebnis die wirtschaftliche Gegenüberstellung des Schutzbedarfs und des aufzuwende¬den Budgets ist. Als Faustregel gilt: Die Ausgaben für den Schutz von Daten sollte nicht über deren tatsächlichem Wert liegen, aber auch nicht deutlich darunter. Der „tatsächliche Wert" wiederum beinhaltet auch eine Kalkulation der Verluste im Rahmen der Datenentwendung oder nicht autorisierter Veröffentlichungen. Eine solche Bedarfsanalyse sollte als Grundlage für die Implementierung einer PKI verstanden werden.

In der Praxis zeigt sich leider, dass Sicherheits-Bedarfs-Analysen nur in den seltensten Fällen gewissenhaft durchgeführt werden und damit nicht die wirtschaftlichen Faktoren im Vordergrund stehen sondern eher technisch-administrative Gründe den Aufbau und die Sicherheit einer PKI bestimmen.

3.1   Kundenanforderungen

Der Kunde möchte im Rahmen der Modernisierung seiner EDV-Infrastruktur allen Mitarbeitern die Möglichkeit zum mobilen Arbeiten ermöglichen. Aus diesem Grund sollen alle Computer mit entsprechenden Identitätszertifikaten ausgestattet werden, um sich mit diesen an einer Virtual Private Network (VPN) Infrastruktur anmelden zu können.

Aufgrund der Kritikalität der Kundendaten soll die Möglichkeit gegeben sein, einzelne Geräte, z.B. im Fall eines Verlusts oder Diebstahl von der Nutzung der VPN-Infrastruktur ausgeschlossen werden können. Die Entwendung des privaten Schlüssels für das Identitätszertifikat muss durch technische Maßnahmen unterbunden werden.

Zusätzlich sollen die internen Server für Webanwendungen mit Serverzertifikaten für die Verwendung von Transport Layer Security (TLS, vormals Secure Socket Layer, SSL) ausgestattet werden.

3.2   Rechtliche und organisatorische Grundlagen

Vor der Implementierung einer PKI müssen zunächst die rechtlichen und organisatorischen Grundlagen bestimmt werden. Hierzu zählen unter anderem eventuell einzuhaltende gesetzliche Vorgaben, der zu erreichende Schutzbedarf und das gewünschte Service Level.

Die Rahmenbedingungen für den Betrieb einer PKI werden üblicherweise in den folgenden Dokumenten festgehalten:

- Sicherheitsrichtlinie (engl. Security Policy, SP). Diese besteht genau einmal pro Organisation und beschreibt schutzwürdige Assets und deren Schutzbedarf.
- Zertifizierungsrichtlinien (engl. Certificate Policys, CPs). Diese Dokumente beziehen sich auf die jeweiligen Zertifikatstypen, die eine Zertifizierungsstelle anbietet. Sie bestehen in der Regel einmal pro Zertifikatstyp oder gesammelt für alle Zertifikatstypen einer PKI.
- Erklärung zum Zertifizierungsbetrieb (engl. Certificate Practice Statement, CPS). Dieses Dokument bezieht sich auf eine einzelne Zertifizierungsstelle und existiert in der Regel einmal für pro Zertifizierungsstelle oder gesammelt für alle Zertifizierungsstellen einer PKI.

CPs und CPS werden in der Regel den Benutzern der PKI zugänglich gemacht. Sollten diese Dokumente geheime Informationen enthalten, gibt es die Möglichkeit, die öffentlich zugänglichen Informationen in ein sog. Policy Disclosure Statement (PDS) zu auszulagern.

Abbildung 11: Verweis auf CPS im Zertifikat

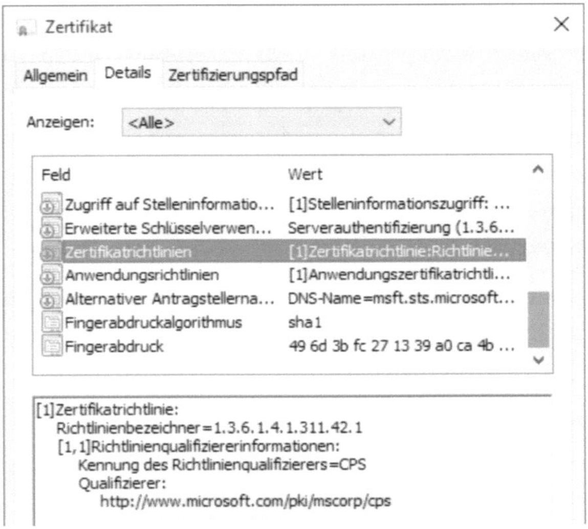

Quelle: Eigene Darstellung

Der Inhalt der Dokumente ist nicht vorgeschrieben, jedoch gibt es ein Request for Comment (RFC)-Dokument, RFC 3647, welches Vorschläge hierzu macht.

Möglicher Inhalt könnte sein:

- Namenskonventionen
- Sicherheitsrichtlinien
- Verfügbarkeitszusagen
- Prozesse
- Pflichten der Benutzer
- Pflichten und Haftung des PKI-Betreibers

CPS, PDS und CPs können weltweit über einen Object Identifier (OID) eindeutig identifizierbar gemacht werden. Hierzu können Unternehmen, Privatpersonen oder Behörden eine Private Unternehmensnummer (Private Enterprise Number, PEN) z.b. bei der Internet Assigned Numbers Authority (IANA) beantragen[16]. Der Verweis auf die Dokumente und deren OID kann in den ausgestellten Zertifikaten hinterlegt werden.

Zu beachten ist, dass CPS, CP und ggfs. PDS von der Rechtsabteilung des Unternehmens in Hinsicht auf ihre Erzwingbarkeit überprüft und anschließend vom Management genehmigt werden müssen. Sie haben damit rechtlich bindenden Charakter und dienen letztendlich dem Schutz von Anwender und Betreiber gleichermaßen.

Vor der Implementierung der PKI wurden zusammen mit dem Kunden ein CPS sowie CPs für die vorgesehenen Zertifikatstypen erstellt und an einem für die Benutzer einsehbaren Ort (Intranetseite) hinterlegt.

3.3 Logischer Aufbau

Basierend auf den Anforderungen des Kunden wurde ein Design gewählt, dass sowohl flexibel als auch skalierbar und für die Zukunft erweiterbar ist.

3.3.1 Definition der auszustellenden Zertifikatstypen

Die Definition der auszustellenden Zertifikatstypen und deren Anforderungen werden in den jeweiligen CPs festgehalten. Tabelle 3 beschreibt die im Projekt definierten Zertifikatstypen.

---

[16] Siehe http://pen.iana.org/pen/PenApplication.page.

Tabelle 3: Definition der auszustellenden Zertifikatstypen

Zertifikatstyp	VPN Client	Webserver
Erwartete Ausstellungen pro Jahr	30000	100
Erwartete Sperrungen pro Jahr	300	5
Speicherung des privaten Schlüssels	Hardware (Trusted Platform Modul)	Software (Anwendungsspezifisch)
Schlüssellänge	2048 Bit	2048 Bit
Hashalgorithmus	SHA-256	SHA-256
Gültigkeitszeitraum	1 Jahr	3 Jahre
Beantragungsmethode	AutoEnrollment	Manuell
Genehmigung durch Zertifikats-Manager erforderlich	Nein	Ja
Identifizierung des Antragstellers	Active Directory Kennung (des Computers)	Active Directory Kennung (des beantragenden Administrators)

Quelle: Eigene Darstellung

3.3.2 Zertifizierungsstellen-Hierarchie

Der Erfahrung nach kann ein hohes Sicherheitsniveau dann am besten erreicht werden, wenn die Komplexität der Umgebung so gering wie möglich gehalten wird.

EDV-Abteilungen sind in der Regel personell knapp besetzt und der Verwaltung einer CA wird daher nicht immer eine angemessene Beachtung geschenkt. Dieser Effekt verstärkt sich mit zunehmender Anzahl an CAs im Unternehmen, zudem verkomplizieren sich häufig die Zuständigkeiten. Auch wenn es valide Gründe für den Einsatz mehrerer CAs im Unternehmen geben kann, sollte deren Anzahl immer auf ein absolut notwendiges Minimum beschränkt werden.

Aus diesem Grund wurde eine lediglich zweistufige Hierarchie mit zunächst einer ausstellenden CA, welche in das Unternehmensnetzwerk integriert ist (Enterprise Issuing CA) gewählt. Auf den Einsatz einer zusätzlichen Hierarchieebene mit Policy CAs wurde verzichtet.

Die CA-Hierarchie wird in Abbildung 12 dargestellt.

Abbildung 12: Zertifizierungsstellen-Hierarchie

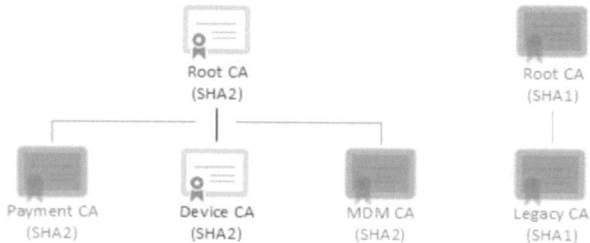

Quelle: Eigene Darstellung

In der ersten Iteration des Projekts wurde zunächst eine ausstellende CA für Endgeräte (Device CA) implementiert. Für weitere Iterationen sind zusätzliche ausstellende CAs geplant, die jedoch in dieser Arbeit nicht betrachtet werden.

Zu beachten ist: aus Sicherheitsgründen sollte die gesamte Zertifizierungsstellen-Hierarchie bis hinunter zu den Endentitäten einen zeitgemäßen starken Hashalgorithmus für die Signaturen verwenden. Aus Gründen der Abwärtskompatibilität zu älteren Endgeräten kann es jedoch sein, dass man weiterhin zum Einsatz mittlerweile als unsicher angesehener Hashalgorithmen (in der Regel der SHA1-Algorithmus) gezwungen ist. Ist dies der Fall, sollte für diese Anwendungen eine vollständige eigenständige PKI (d.h. inklusive dedizierter Root CA) implementiert werden, die nur für diese Fälle eingesetzt wird. Längerfristig sollten Endgeräte, die nicht zu aktueller Verfahren kompatibel sind, jedoch ersetzt werden.

Basierend auf den zuvor definierten Sicherheitsanforderungen (CPs, CPS) wurde für die Root CA sowie die Device CA der Hashalgorithmus SHA-256 (aus der Familie der SHA2-Algorithmen) festgelegt. Die Schlüssellänge der CA-Zertifikate wurde auf 4096 Bit festgelegt.

3.3.3 Gültigkeitszeiträume der CA-Zertifikate

In der Microsoft-Implementierung können Zertifikate nicht länger gültig sein, als bis zum Ablaufdatum der übergeordneten CA. Möchte man eine Mindest-Laufzeit für einen Zertifikatstyp garantieren, müssen die CA-Zertifikate der ausstellenden CAs bereits deutlich vor ihrem Ablaufdatum erneuert werden.

Für die Gültigkeitszeiträume der CA-Zertifikate gilt die Faustregel: Ihre Laufzeit sollte mindestens das Doppelte der Laufzeit der Endentitätszertifikate betragen, höchstens jedoch 20% mehr. Somit ergeben sich basierend auf den vorgesehenen

Endentitätszertifikaten (die Device CA stellt Zertifikate mit einer Gültigkeit von bis zu drei Jahren aus) für die Zertifizierungsstellen die folgenden Gültigkeitszeiträume:

- Die Device CA muss mindestens einen Gültigkeitszeitraum von sechs Jahren besitzen und ihr CA-Zertifikat sollte nach drei Jahren erneuert werden.
- Die Root CA muss mindestens eine Gültigkeitszeitraum zwölf Jahren besitzen und ihr CA-Zertifikat sollte nach sechs Jahren erneuert werden.

Wird die rechtzeitige Erneuerung der CA-Zertifikate versäumt, kann der Gültigkeitszeitraum der jeweils untergeordneten Zertifikate nicht mehr garantiert werden. Ausgestellte Zertifikate wären dann maximal bis zum Ablaufdatum ihrer übergeordneten CA gültig. Die Zusammenhänge der Zertifikatslaufzeiten sind in Abbildung 13 dargestellt.

Abbildung 13: Abhängigkeiten der Gültigkeitszeiträume von Zertifikaten

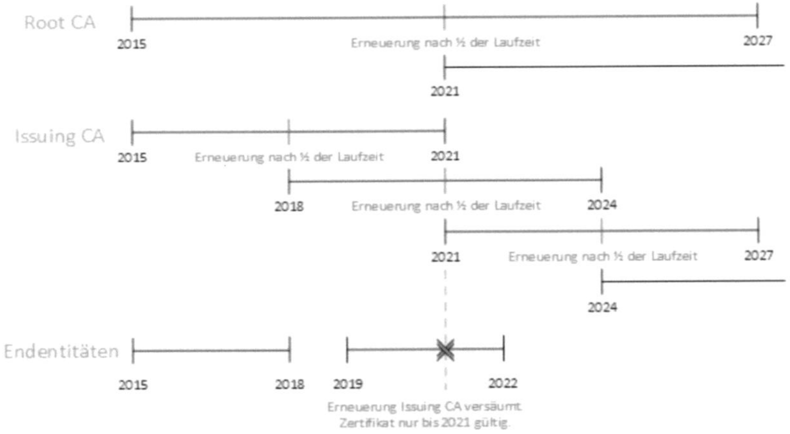

Quelle: Eigene Darstellung

Im Beispiel würde ein Endentitätszertifikat mit einer Gültigkeitsdauer von drei Jahren im Jahr 2019 beantragt. Da im Falle einer versäumten rechtzeitigen Erneuerung des Zertifikats der Issuing CA deren Zertifikat nur bis 2021 gültig wäre, wäre entsprechend auch das beantragte Endentitätszertifikat nur bis dann gültig.

3.3.4 Gültigkeitszeiträume der Sperrlisten

Für die Gültigkeitszeit der Sperrlisten wurden anhand der Sicherheitsanforderungen an die Zertifikate, die in deren CPs definiert wurden, die folgenden Werte festgelegt:

- Sperrlisten der Offline Root CA sollen drei Monate (12 Wochen) lang gültig sein (Herkunft der Anforderung: CP für Issuing CA Zertifikate).

- Sperrlisten der Device CA sollen sechs Tage lang gültig sein (Herkunft der Anforderung: CP für VPN-Client-Zertifikate[17]).

Um die Verfügbarkeit der Sperrlisten zu erhöhen, wird Sperrlistenüberlappung verwendet: Es wird bereits vor Ende des Gültigkeitszeitraums der Sperrliste eine neue ausgestellt. Clients, die die alte Sperrliste noch in ihrem Cache haben, können diese bis zum effektiven Ablaufdatum weiterhin verwenden, haben aber die Möglichkeit, bereits eine neue Sperrliste herunterzuladen.

Für die Kundenumgebung wurden die in Tabelle 4 dargestellten Werte konfiguriert:

Tabelle 4: Definierte Sperrlistenüberlappungen

	Gültigkeitszeitraum der Sperrliste	Overlap-Zeitraum	Effektive Gültigkeitsdauer der Sperrliste
Root CA	6 Wochen	6 Wochen	12 Wochen
Device CA	3 Tage	3 Tage	6 Tage

Quelle: Eigene Darstellung

Die Funktionsweise des Overlapping wird in Abbildung 14 veranschaulicht.

Abbildung 14: Funktionsweise der Sperrlistenüberlappung

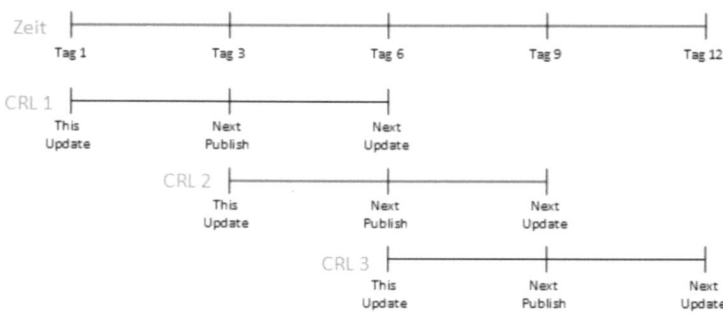

Quelle: Eigene Darstellung

---

[17] Zu beachten ist, dass unterschiedliche Zertifikats-Typen auch unterschiedliche Anforderungen an die Gültigkeitszeiträume der Sperrlisten aufweisen können. Werden mehrere Zertifikatstypen wie in dem hier beschriebenen Fall gemeinsam von einer CA bedient, kann es hier zu Überschneidungen kommen. Möchte man dies vermeiden, müsste man die Zertifikatstypen von unterschiedlichen CAs bedienen lassen, die jeweils ihre eigenen Sperrlisten pflegen.

Mit dieser Konfiguration kann effektiv eine Aufrechterhaltung des Sperrlistenbetriebs von mindestens drei Tagen garantiert werden, sollte die Zertifizierungsstelle ausfallen und es somit nicht mehr möglich sein, eine neue Sperrliste auszustellen. Dieser Zeitraum spiegelt somit effektiv auch den Zeitraum wieder, innerhalb dessen ein Administrator eine auftretende Störung beheben muss, um das Service Level Agreement (SLA) einhalten zu können.

Die Konfiguration von Sperrlisten-Gültigkeitszeiträumen ist immer eine Abwägung zwischen Reaktionsschnelligkeit bei der Sperrung von Zertifikaten (ein gesperrtes Zertifikat wird im Fall der Device CA noch mindestens drei Tage, höchstens für sechs Tage nach Sperrung weiterhin als gültig erkannt) und garantierbaren Reaktions- und Fehlerbehebungszeiten (es muss entsprechend Personal und Knowhow für einen Ernstfall vorgehalten werden). Eine Verkürzung des Sperrlisten-Gültigkeitszeitraums verringert im gleichen Maß auch den verfügbaren Reaktionszeitraum der Betriebsmannschaft (bei zu kurzen Gültigkeitszeiträumen ist man sehr schnell bei der Notwendigkeit für eine 24x7-Betriebsbereitschaft angelangt).

Da es bei einem Ausfall der Zertifizierungsstelle durchaus länger als drei Tage dauern kann, bis die Störung behoben wurde, kann eine vorhandene Sperrliste allerdings unter Zuhilfenahme des privaten Schlüssels der CA mit einem frei wählbaren Gültigkeitszeitraum neu signiert werden. Dieser Prozess wird Emergency CRL Signing genannt und wird im weiteren Verlauf der Arbeit noch näher beschrieben.

Auf die Verwendung von OCSP sowie Deltasperrlisten wurde verzichtet, da die erwartete Anzahl von Zertifikats-Sperrungen und damit das Wachstum der Sperrlisten als eher gering bewertet wurde[18].

3.3.5 Stelleninformationszugriffs- und Sperrlistenverteilungspunkte

Sowohl für die Bildung der Vertrauenskette als auch für die Überprüfung des Sperrstatus müssen Clients auf folgende Informationen der CA zugreifen können:

- Stelleninformationszugriffspunkte (Authority Information Access, AIA) und
- Sperrlistenverteilungspunkte (CRL Distribution Points, CDP)

Die Konfiguration der CAs wurde entsprechend angepasst, sodass die dazugehörigen Pfade in den von ihnen ausgestellten Zertifikaten abgebildet werden. Abbildung 15 stellt die Abhängigkeiten dar.

---

[18] Zudem kann man durch Erneuerung des CA-Zertifikats mit einem neuen Schlüsselpaar auch eine Partitionierung der CRL erreichen, da diese mit dem privaten Schlüssel der CA signiert ist.

Abbildung 15: CDP- und AIA-Konfiguration der CAs und ihrer Zertifikate

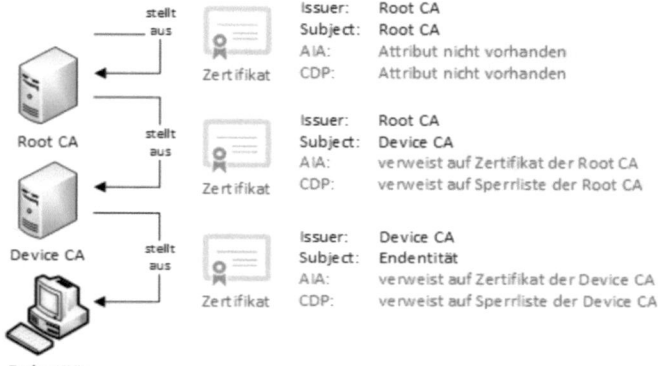

Quelle: Eigene Darstellung

Um die Verfügbarkeit der von den CAs ausgestellten Sperrlisten in der Umgebung des Kunden zu gewährleisten, sind hochverfügbare Speicherorte für AIA und CDP erforderlich. Die Hochverfügbarkeit wurde dadurch erreicht, dass beide Informationen auf zwei verschiedenen Wegen zur Verfügung gestellt wurden:

- Durch Veröffentlichung im Verzeichnisdienst des Unternehmens (Zugriff über das LDAP-Protokoll). Der verwendete Active Directory Verzeichnisdienst repliziert die Sperrlisten automatisch auf alle Domain Controller im Netzwerk und sorgt somit für eine Hochverfügbarkeit sowie eine effiziente Verteilung auf die Clients durch Ermittlung des netzwerkseitig nähesten Domain Controllers für den Client.

- Durch Veröffentlichung auf einen hochverfügbaren Webserver (Zugriff über das HTTP-Protokoll). Auf diese Weise können die Informationen zudem auch von Clients abgerufen werden, welche nicht auf die Active Directory-Methode zurückgreifen können (etwa Linux- oder Apple-Systeme).

3.4 Technische Realisierung

Nachfolgend wird die technische Realisierung der PKI beschrieben.

3.4.1 Netzwerkdesign

Abbildung 16 beschreibt den netzwerkseitigen Aufbau der PKI und die involvierten Komponenten.

Abbildung 16: Lösungsdesign PKI

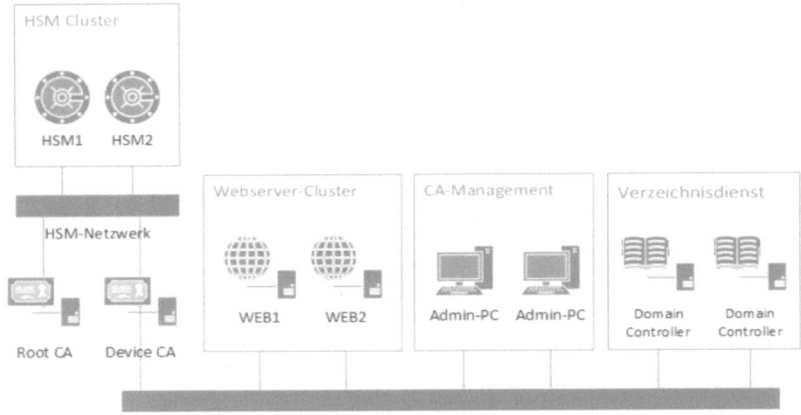

Quelle: Eigene Darstellung

Root CA und Device CA greifen gemeinsam auf einen Clusterverbund aus zwei Hardware Security Modulen zu, welche sie für die Speicherung der privaten Schlüssel verwenden.

Die Device CA ist im Gegensatz zur Root CA mit dem Produktions-Netzwerk verbunden, da sie aktiv Zertifikate für dessen Teilnehmer ausstellen soll.

Da der Verzeichnisdienst auch zentrale Komponente der PKI ist, wird er ebenfalls in die Betrachtung mit einbezogen. Der Verzeichnisdienst erfüllt in Hinsicht auf die PKI unter anderem die folgenden Aufgaben:

- Bereitstellung von pKIEnrollmentService Objekten zur Ermittlung der verfügbaren Zertifizierungsstellen.
- Bereitstellen von pKICertificateTemplate Objekten (Zertifikatsvorlagen) zur Beantragung von Zertifikaten.
- Bereitstellung von CDP- und AIA-Lokationen.
- Verteilung des CA-Zertifikats der Root CA an alle Clients.
- Identifikation und Authentifizierung von Antragstellern und Administratoren der PKI.
- Erzwingung von Gruppenrichtlinien in Bezug auf die Beantragung von Zertifikaten.

28

Da CDP und AA nicht nur über den Verzeichnisdienst, sondern auch über eine Webschnittstelle zur Verfügung gestellt werden, ist hierfür ein hochverfügbarer Webserver erforcerlich.

Die Administraticn der Device CA erfolgt größtenteils per Fernzugriff (engl. Remote) von den Computern der Administratoren aus. Hierzu verwenden sie entweder Fernsteuerungsprotokolle wie Remote Desktop oder die Managementwerkzeuge für die Zertifizierungsstelle[19], welche sie zuvor auf ihren Computern installiert haben.

Die Root CA und die Hardware Security Module werden ausschließlich durch physischen Zugriff auf die Maschinen administriert, da diese nicht mit dem Produktionsnetzwerk verbunden sind.

3.4.2 Implementierung der Root CA

Die Root CA wurde auf einem physischen Server installiert, welcher in einem separat abgeschlossener Serverschrank im Rechenzentrum des Kunden platziert wurde. Als Betriebssystem wurde Microsoft Windows Server 2012 R2 eingesetzt. Es wurde von einem originalen Datenträger des Herstellers installiert[20] und nach dessen Vorgaben sicherheitsgehärtet. Die Festplattenlaufwerke wurden mit einer Vollverschlüsselung (Microsoft BitLocker) in Kombination mit einem Trusted Platform Modul (TPM) und der Eingabe einer zusätzlichen PIN zur Entschlüsselung versehen. Die Passwörter (PIN und Wiederherstellungsschlüssel) für die Festplattenvollverschlüsselung sowie das Kennwort für das integrierte Administratorkonto wurden in zwei jeweils voneinander getrennten Tresoren hinterlegt, um die Sicherstellung einer Vier-Augen-Prinzips beim Zugriff auf das System zu erreichen.

Auf die Einrichtung einer Hochverfügbarkeitslösung, etwa in Form eines Clusters wurde verzichtet, da die Prozesse einer Stammzertifizierungsstelle in der Regel nicht zeitkritisch sind und eine Wiederherstellung aus der Datensicherung nicht sehr aufwändig und daher in den meisten Fällen ausreichend ist[21].

---

[19] Siehe https://www.microsoft.com/de-de/download/details.aspx?id=39296.
[20] Auf diesen Aspekt wird gesondert hingewiesen, da es in Unternehmensumgebungen in der Regel üblich ist, eine von der EDV-Abteilung angepasste Standardinstallation für alle Computer zu verwenden. Diese Vorgehensweise birgt jedoch immer das Risiko, unbekannte Schadsoftware in das System einzuschleusen, die sich in dieser Standardinstallation verbirgt was durch die Verwendung eines Original-Datenträgers des Herstellers vermieden werden kann. Die Erfahrung zeigt, dass Unternehmen häufig nicht zeitnah bemerken, wenn sie kompromittiert sind, die Systeminstallationsumgunden eines der bevorzugten Angriffsziele sind, da Schadsoftware auf diesem Weg sehr schnell im Netzwerk verbreitet werden kann.
[21] Der kritischste Prozess bei Ausfall einer Zertifizierungsstelle ist das sogenannte „Emergency Signing" der Sperrl ste, auf welchen im weiteren Verlauf der Arbeit gesondert eingegangen wird.

Auf der Root CA wurde eine Konfigurationseinstellung gesetzt, welche allen ausgestellten Zertifikaten eine Einschränkung (engl. Constraint) für die Pfadlänge mit dem Wert 0 setzt. Auf diese Weise sind die ausstellenden Zertifizierungsstellen nicht mehr in der Lage, weitere Zertifizierungsstellen zu signieren, sondern lediglich Endentitätszertifikate auszustellen.

Das Zertifizierungsstellen-Zertifikat sowie die erste Sperrliste der Root CA wurde nach der Installation und Konfiguration manuell in die entsprechenden AIA-Pfade (LDAP und HTTP) kopiert.

3.4.3 Implementierung der Device CA

Die ausstellende Zertifizierungsstelle wurde auf einem virtuellen Server installiert. Als Betriebssystem wurde ebenfalls Microsoft Windows Server 2012 R2 eingesetzt, und auch hier erfolgte die Installation über originale Datenträger des Herstellers. Das Betriebssystem wurde ebenfalls nach Herstellervorgaben sicherheitsgehärtet. Auf die Einrichtung einer Hochverfügbarkeitslösung wurde auch hier mit der gleichen Begründung verzichtet.

Die ausstellende Zertifizierungsstelle wurde in den Verzeichnisdienst des Kunden integriert, in diesem Fall die Microsoft Active Directory Domänendienste. Dieser Schritt ermöglichte die Verwendung der folgenden Funktionen:

- Domänen-Authentifizierung von Benutzern und Computern.
- Verwendung von Zertifikatvorlagen.
- Automatische Beantragung und Ausstellung von Zertifikaten (AutoEnrollment).
- Veröffentlichen von Sperrlisten im Verzeichnisdienst.

Vor der Installation wurde eine Datei CAPolicy.inf erzeugt, in welcher spezielle Richtlinien für die Zertifizierungsstelle festgelegt wurden. Unter anderem wurde spezifiziert:

- Schlüssellänge und Gültigkeitsdauer des CA-Zertifikats bei Erneuerung desselben.
- Verweis auf die Dokumente CP und CPS.
- Während der Installation einer Active Directory-integrierten CA werden üblicherweise die Standard-Zertifikatvorlagen in die Zertifizierungsstelle geladen und zur Veröffentlichung freigegeben. Da dieses Verhalten unerwünscht war, wurde es entsprechend unterdrückt.

3.4.4 Betriebssicherheit

Da es sich bei einer PKI bezüglich Datensicherheit um eine hochkritische Infrastruktur handelt, sind ihre Komponenten gegenüber denen des restlichen Unternehmensnetzwerks zusätzlich gegen physischen Zugriff geschützt. Neben der vorhandenen Gebäudesicherheit des Rechenzentrums in Form von Personenschleusen, Überwachungskameras und einer Alarmanlage sind die Komponenten in gesondert abgeschlossenen Schaltschränken innerhalb der Rechenzentren des Kunden untergebracht.

Die Integration in den Verzeichnisdienst hat neben sehr vielen Vorteilen auch einen entscheidenden Nachteil: Durch die Single-Sign-On Funktionalität über Active Directory ist das System einer erhöhten Gefahr durch Angriffe über diesen Mechanismus ausgesetzt, wie etwa Pass the Hash Angriffen, bei denen die Anmeldedaten eines berechtigten Benutzers auf einem anderen Computer aus dessen aktiver Sitzung entwendet werden. Um das Sicherheitsrisiko zu verringern, wurden die folgenden zusätzlichen Sicherungsmaßnahmen ergriffen:

- Das Passwort des lokalen Administratorkontos wurde auf einen zufällig generierten und im Verzeichnisdienst hinterlegten Wert gesetzt, welcher in regelmäßigen Abständen geändert wird.
- Lokalen Konten ist per Sicherheitsrichtlinie eine Anmeldung über das Netzwerk untersagt.
- Alle per Standardeinstellung gesetzten Domänenkonten wurden die lokalen Administrator-Berechtigungen sowie die Anmeldeberechtigung auf der CA entzogen.
- Den für die Administration der Zertifizierungsstelle vorgesehenen Konten wurde per Sicherheitsrichtlinien die Anmeldung auf Systemen einer niedrigeren Sicherheitsebene (beispielsweise Arbeitsplatzcomputer oder Anwendungsserver) untersagt, um den Diebstahl ihrer Anmeldedaten von potentiell kompromittierten Systemen zu verhindern.
- Auf den Betriebssystemen der Zertifizierungsstellen wurde die Auditierung von sicherheitsrelevanten Ereignissen aktiviert und überwacht.

3.5 Organisatorische Umsetzung

In diesem Kapitel werden die Prozesse beschrieben, welche beim Betrieb einer Public Key Infrastruktur anfallen, und wie sie beim Kunden umgesetzt wurden.

3.5.1 Administratives Rollenmodell

Für die Administration der Issuing CA wird das Rollenseparationsmodell nach Common Criteria eingesetzt. Hierbei handelt es sich um ein abgestuftes Rollenmodell mit insgesamt vier Rollen, bei welchem sichergestellt werden soll, dass ein Administrator jeweils nur einer dieser Rollen auf einmal innehaben kann. Die Einhaltung dieses Prinzips wird via Konfiguration auf der Device CA technisch erzwungen[22].

Tabelle 5: Rollentrennung nach Common Criteria

Rolle	Beschreibung
CA Administrator	Verwalten der Zertifizierungsstelle und Vergabe von CA-Rollen.
Zertifikats-Manager	Ausstellen und Verwalten von Zertifikaten sowie Sperrlisten.
Backup Operator	Sichern und Wiederherstellen der CA-Daten.
Auditor	Einsehen und Verwalten des Audit- und Sicherheitsprotokolls.

Quelle: Eigene Darstellung, vgl. Microsoft (2014)

3.5.2 Beantragung und Genehmigung von Zertifikaten

Bevor ein Zertifikat durch die Zertifizierungsstelle ausgestellt wird, muss es vom Antragsteller[23] beantragt und der Antrag anschließend (durch einen Zertifikats-Manager) genehmigt werden. Beide Prozesse können sowohl vollautomatisch als auch manuell erfolgen.

Endentitätszertifikate für VPN-Clients werden per AutoEnrollment beantragt. Dies bedeutet, dass die Clients über Gruppenrichtlinien konfiguriert werden, für alle Zertifikatvorlagen, auf die sie entsprechend berechtigt sind, automatisch ein Schlüsselpaar und einen Signierungsantrag (engl. Certificate Signing Request, CSR) zu erstellen und letzteren an die zuständige Zertifizierungsstelle zu senden. Dabei authentifizieren sich die Clients mit ihrem Konto im Verzeichnisdienst an der CA, sodass eine eindeutige Identifizierung der Antragsteller sichergestellt ist.

Die Zertifikatvorlage ist entsprechend konfiguriert, dass die Clients zum AutoEnrollment berechtigt sind, und dass keine Genehmigung eines Zertiftaks-Managers erforderlich ist. Die Zertifizierungsstelle kann den Antrag somit automatisch signieren. Die Zertifikatvorlage für die VPN-Clients sieht des Weiteren eine Einschränkung für den Schlüsselspeicheranbieter (engl. Key Storage Provider) vor, sodass nur Clients ein

---

[22] Da die Root CA nicht in den Verzeichnisdienst integriert ist und der (physische) Zugriff protokolliert wird, ist eine Rollentrennung hier nicht erforderlich bzw. sinnvoll umsetzbar.
[23] Effektiv eine weitere Rolle im Sinn der PKI, die jedoch nicht nach Common Criteria definiert ist.

Zertifikat erhalten, welche über ein TPM verfügen. Durch die Speicherung des privaten Schlüssels des Zertifikats im TPM ist seine Nichtexportierbarkeit gewährleistet, d.h. das Zertifikat ist fest an das Endgerät gebunden. Dies bedeutet aber auf der anderen Seite, dass nur Geräte, die über ein TPM verfügen, als VPN-Clients eingesetzt werden können.

Da die Beantragung der Endentitäts-Zertifikate für Webserver aus technischen Gründen manuell erfolgen muss, und aus Sicherheitsgründen die Genehmigung eines Zertifikats-Managers erforderlich ist[24], musste hierfür ein entsprechender Beantragungs- und Genehmigungsprozess entworfen werden. Dieser Prozess kann auch auf weitere Zertifikatstypen angewendet werden, welche gegebenenfalls in der Zukunft hinzukommen werden.

Der Prozess sieht vor, dass der Antragsteller (beispielsweise der verantwortliche Administrator des Servers, auf dem das Zertifikat eingesetzt werden soll) ein Schlüsselpaar sowie einen CSR erzeugt und diesen dann unter Verwendung seiner Active Directory Benutzerkennung über eine vorhandene Schnittstelle[25] an die Zertifizierungsstelle sendet.

Beim Eintreffen des CSR generiert die Zertifizierungsstelle eine E-Mail Benachrichtigung an die Zertifikats-Manager, welche dann eine inhaltliche Überprüfung des CSR vornehmen und diesen genehmigen bzw. ablehnen können. Die dazugehörigen Ereignisse lösen wiederum eine E-Mail Benachrichtigung des Antragstellers aus (dessen E-Mail Adresse kann durch die Zuordnung zu seinem Active Directory Benutzerkonto ermittelt werden, welches bereits bei der Antragstellung verwendet wurde).

Sofern der CSR genehmigt wurde, wurde hierdurch das Zertifikat ausgestellt, welches der Antragsteller nun über die bereits zum Einreichen des CSR verwendete Schnittstelle abholen und auf dem Zielcomputer installieren kann.

Der entworfene Workflow für die manuelle Beantragung und Genehmigung von CSRs ist in Abbildung 17 dargestellt.

---

[24] Bei Webserver-Zertifikaten wird im Subject-Feld meistens die Adresse der abzusichernden Webseite eingetragen, die in den meisten Fällen nicht mit dem eigentlichen Servernamen übereinstimmt. Somit muss dieses Feld im CSR manuell befüllt werden. Hier besteht die Gefahr einer Man-in-the-Middle-Attacke, wenn hier vom eigentlichen Einsatzzweck abweichende Domänennamen verwendet werden.
[25] Hierfür steht auf allen Windows-Computern das Kommandozeilenprogramm certreq.exe zur Verfügung.

Abbildung 17: Manueller Beantragungs- und Genehmigungsprozess

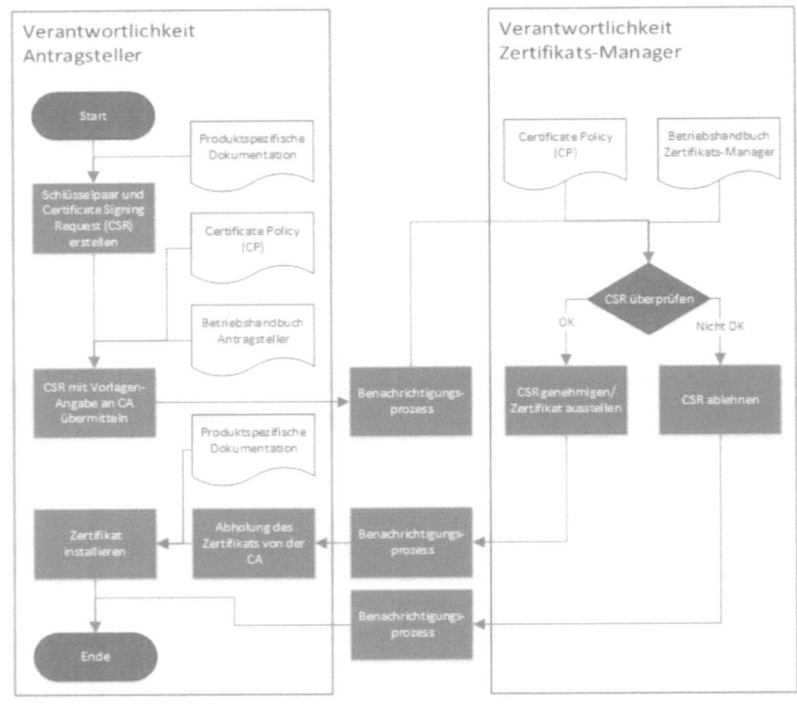

Quelle: Eigene Darstellung

Da die automatische Benachrichtigung des Antragstellers per E-Mail nicht Bestandteil des Funktionsumfangs der Microsoft Zertifizierungsstelle ist, wurden hierfür entsprechende Skripte programmiert[26].

3.5.3 Erneuerung von Zertifikaten

Per AutoEnrollment beantragte Endentitätszertifikate werden automatisch erneuert, da hierfür eine entsprechende Gruppenrichtlinie konfiguriert wurde. Die Erneuerungszeiträume werden in der Zertifikatvorlage konfiguriert. Clients werden sechs Wochen vor Ablauf ihres Zertifikats beginnen, die Erneuerung des Zertifikats zu versuchen.

Für manuell beantragte Zertifikate wurde ein Skript programmiert[27], welches auf der Device CA in regelmäßigen Abständen ausgeführt wird. Durch dieses werden die

---

[26] Siehe Anhang.

34

Antragsteller benachrichtigt, wenn die von ihnen beantragten Zertifikate in absehbarer Zeit ablaufen, sodass sie sich rechtzeitig um deren (manuelle) Erneuerung kümmern können.

Die Erneuerung der Zertifikate für die Offline Root CA und die Enterprise Issuing CAs ist jeweils nach der Hälfte des Gültigkeitszeitraums ihrer Zertifikate terminiert. Bei der Erneuerung der Zertifikate wird der private Schlüssel erneuert.

3.5.4 Sperrung von Zertifikaten

Die Sperrung von Endentitätszertifikaten erfolgt unter Anderem in folgenden Fällen:

- Kompromittierung eines Schlüssels, etwa aufgrund von Verlust oder Diebstahl eines VPN-Client.
- Außerbetriebnahme oder Neuinstallation eines VPN-Client oder Webservers.

Die Sperrung der Zertifikate der Issuing CAs erfolgt durch die Root CA im Fall einer Kompromittierung ihrer privaten Schlüssel. Aufgrund des langen Gültigkeitszeitraums der Sperrliste der Root CA entsteht hier jedoch immer noch eine potentiell sehr lange Lücke, bis die Sperrung effektiv wird[28]. Bei Sperrung des Zertifikats einer Issuing CA werden alle von ihr ausgestellten Zertifikate nicht mehr als vertrauenswürdig eingestuft.

Das Zertifikat der Root CA kann nicht gesperrt werden. Es gibt keinen zuverlässigen Weg[29], eine Root CA zu widerrufen.

3.5.5 Datensicherung und Wiederherstellung

Für die Sicherung der Datenbank und Konfiguration Issuing CAs wurde ein Backup-Skript basierend auf den Vorgaben des Herstellers entwickelt[30], welches werktäglich eine Vollsicherung, sowie stündlich eine inkrementelle Sicherung der Datenbank vornimmt. Gesichert werden:

- Die Datenbank der Zertifizierungsstellen.
- Die Einstellungen in der Systemregistrierungsdatenbank (eng. Registry) für den Zertifizierungsstellen-Dienst in Menschen- und Maschinenlesbarer Form.
- Die Zuordnung der Zertifikatvorlagen aus dem Verzeichnisdienst zur CA.
- Konfigurationsdateien wie die Datei CAPolicy.inf.

---

[27] Siehe Anhang.
[28] Es gilt hierbei jedoch zu bedenken, dass die Sperrung einer Issuing CA zur Folge hat, dass eine neue Issuing CA implementiert und alle Zertifikate zu dieser umgezogen werden müssen. Dieser Vorgang beansprucht auch eine nicht unerhebliche Zeit.
[29] Eine Sperrung von Root CA Zertifikaten ist mit einem Verfahren namens Independent CRL Signing theoretisch möglich, wird jedoch von den Microsoft-CAs nicht unterstützt.
[30] Siehe Anhang.

In Bezug auf die Backup-Zeiträume einer CA ist folgender Umstand zu beachten: Für die Sperrung von Zertifikaten ist Kenntnis der Seriennummer des zu sperrenden Zertifikats erforderlich. Sie wird in der Datenbank der CA abgespeichert, somit ergibt sich auch bei einer regelmäßigen inkrementellen Sicherung immer noch ein Fenster von bis zu einer Stunde, in welchem diese Information im Fall eines katastrophalen Ausfalls der CA verloren gehen würde. Um diesem Umstand vorzubeugen wird zusätzlich das sogenannte SMTP-Exit-Modul der CA aktiviert, welches bei Ausstellung eines Zertifikats eine E-Mail mit der Seriennummer des ausgestellten Zertifikats an ein dediziertes Postfach versendet. Auf diese Weise können Seriennummern von Zertifikaten, welche zwischen dem Zeitpunkt eines Ausfalls und der letzten Sicherung ausgestellt werden, manuell in die aus dem Backup wiederhergestellten Datenbank eingetragen und anschließend widerrufen werden, sollte es zu einem entsprechenden Fall kommen.

Die Konfiguration der Zertifikatvorlagen ist zentral im Verzeichnisdienst gespeichert, eine Sicherung erfolgt somit bereits durch die vorhandene Sicherung der Active Directory-Datenbank.

Die Sicherung der Root CA erfolgt manuell bei jeder Änderung des Systems (z.B. Ausstellen eines Zertifkats oder eines Sperrliste) analog des Sicherungsprozesses der Issuing CA. Da bei der Root CA Änderungen sehr selten vorkommen, ist diese Vorgehensweise ausreichend.

Die privaten Schlüssel der CAs sind jeweils im Hardware Security Modul gespeichert und können aus Sicherheitsgründen nicht exportiert werden. Entsprechend ist eine Sicherung nicht möglich, aber auch nicht notwendig, da die Hardware Security Module redundant ausgelegt sind.

3.5.6 Erstellung und Veröffentlichung von Sperrlisten

Da die Root CA nicht mit dem Netzwerk verbunden ist, muss die Erstellung und Veröffentlichung von Sperrlisten manuell erfolgen. Die Administratoren müssen sich entsprechend das Passwort für die Festplattenvollverschlüsselung sowie das Administratorenkennwort des CA-Servers beschaffen, den Server physisch einschalten und die Sperrliste erzeugen. Sie wird dann über ein USB-Speichermedium vom Server kopiert und in das Produktionsnetzwerk geladen. Die physischen Zugriffe auf Passwörter sowie auf die Serverhardware unterliegen einem Mehraugenprinzip und werden schriftlich dokumentiert.

Erstellung und Veröffentlichung von Sperrlisten auf den Issuing CAs erfolgt vollautomatisch, da diese mit dem Netzwerk verbunden und in den Verzeichnisdienst integriert sind.

3.5.7 Notfallsignierung der Sperrlisten

Fällt eine Zertifizierungsstelle aus, können keine neuen Sperrlisten erstellt werden, was dazu führen kann, dass Zertifikate nicht mehr als gültig erkannt werden. Je nach Ausbaustufe und Verwendung der Zertifikate kann dies signifikante Auswirkungen auf das Unternehmen bis zu einem kompletten Stillstand der Produktion führen.

Um den Zeitdruck für die Wiederherstellung der Zertifizierungsstelle zu reduzieren, kann eine zuvor ausgestellte Sperrliste jedoch Notfall-Signiert werden (engl. Emergency Signing), d.h. sie wird mit einer neuen Signatur und einem neuen, beliebig wählbaren Ablaufdatum versehen. Um dies durchführen zu können, ist der Zugriff auf den privaten Schlüssel der Zertifizierungsstelle erforderlich. Hierzu kann auch ein temporäres System mit dem HSM verbunden und autorisiert werden.

Ein entsprechender Prozess wurde beim Kunden eingeführt und dokumentiert. Während die Zertifizierungsstelle offline ist, können selbstverständlich keine neuen Zertifikate ausgestellt oder widerrufen werden, aber zumindest kann auf diese Weise der aktuelle Zustand erhalten und das eigentliche Problem ohne Zeitdruck behoben werden.

3.5.8 Management von Systemaktualisierungen

Die Device CA wurde in den bestehenden Patch Management-Prozess des Kunden integriert und wird somit regelmäßig in Hinsicht auch Sicherheitsupdates aktualisiert.

Die Root CA wird, da sie nicht mit dem Netzwerk verbunden ist und entsprechend auch nicht durch dieses angegriffen werden kann nicht im gleichen Umfang wie mit dem Netzwerk verbundene Systeme aktualisiert. Es werden nur die folgenden Aktualisierungen (manuell) installiert:

- Softwareupdates, die spezifisch für den Zertifizierungsstellendienst sind.
- Service Packs für das Betriebssystem, um den Supportstatus gegenüber dem Hersteller aufrecht zu erhalten.

3.5.9 Auditierung

Die Auditierung von Zertifizierungsstellen-relevanten Ereignissen wurde sowohl für die Root CA als auch die Device CA aktiviert.

Zusätzlich werden Zugriffe auf die privaten Schlüssel der Zertifizierungsstellen protokolliert, da bei der Kompromittierung eines Zertifizierungsstellen-Servers auch die Möglichkeit besteht, z.B. über die integrierten Kommandozeilenprogramme Operationen unter Verwendung des privaten Schlüssels durchzuführen, und somit ein selbst generiertes Zertifikat an der Zertifizierungsstelle und damit auch deren Datenbank vorbei zu signieren.

Die protokollierten Ereignisse der Device CA werden zentral ausgewertet und entsprechende Alarme werden nach Empfehlungen des Herstellers generiert. Da die Root CA nicht mit dem Netzwerk verbunden ist, ist ein solches Vorgehen bei ihr nicht möglich.

4   Fazit und Ausblick

Aufgrund neuer technischer Entwicklungen wie Tablets und Smartphones und deren zunehmender Beliebtheit ist zu erwarten, dass der Bedarf der Unternehmen für den Einsatz von Public Key Infrastrukturen längerfristig steigen wird.

Aktuelle Ereignisse wie der erfolgreiche Angriff auf die EDV-Infrastruktur des deutschen Bundestags mit deren kompletter Kompromittierung zeigen jedoch auch, wie wichtig es ist, sicherheitskritische Infrastrukturen entsprechend zu schützen.

Beim Design und der Implementierung einer PKI lauern viele Fallsticke. Fehler, die in dieser Phase gemacht wurden, können zu einem späteren Zeitpunkt teilweise nur sehr mühsam oder gar nicht mehr behoben werden.

Nichtsdestotrotz ist der alltägliche Betrieb einer PKI die eigentliche Herausforderung, da es hierbei gilt, jeden Tag erneut, kontinuierlich und oft unter hoher Arbeitslast ein sehr hohes Sicherheits- und Stabilitätsniveau zu gewährleisten.

5 Anhang

5.1 Literaturverzeichnis

Coleridge, Robert (19.08.1996): The Cryptography API, or How to Keep a Secret, https://msdn.microsoft.com/en-us/library/ms867086.aspx, Abruf am 03.11.2015. (Eine Kopie des Dokuments befindet sich im Anhang.)

Delay, Christopher (26.12.2012): PKI Design Considerations: Certificate Revocation and CRL Publishing Strategies. http://blogs.technet.com/b/xdot509/archive/2012/11/26/pki-design-considerations-certificate-revocation-and-crl-publishing-strategies.aspx, Abruf am 13.01.2015. (Eine Kopie des Dokuments befindet sich im Anhang.)

Goetz, John; Obermayer, Bastian; Strunz, Benedikt (10.06.2015): Bundestag bekommt Hackerangriff nicht unter Kontrolle, http://www.sueddeutsche.de/politik/berlin-bundestag-bekommt-hackerangriff-nicht-unter-kontrolle-1.2515345, Abruf am 03.11.2015. (Eine Kopie des Dokuments befindet sich im Anhang.)

Heise Online (06.02.2012): Google will Online-Zertifikats-Check abschaffen. http://www.heise.de/security/meldung/Google-will-Online-Zertifikats-Check-abschaffen-1429160.html?view=print, Abruf am 19.01.2015. (Eine Kopie des Dokuments befindet sich im Anhang.)

Internet Engineering Task Force (IETF) (2003): Internet X.509 Public Key Infrastructure Certificate Policy and Certification Practices Framework. https://www.ietf.org/rfc/rfc3647.txt, Abruf am 05.06.2015. (Eine Kopie des Dokuments befindet sich im Anhang.)

Law, Eric (07.04.2011): Understanding Certificate Revocation Checks, http://blogs.msdn.com/b/ieinternals/archive/2011/04/07/enabling-certificate-revocation-check-failure-warnings-in-internet-explorer.aspx, Abruf am 03.11.2015. (Eine Kopie des Dokuments befindet sich im Anhang.)

Microsoft Corporation (2003): Troubleshooting Certificate Status and Revocation. https://technet.microsoft.com/en-us/library/cc700843.aspx#XSLTsection125121120120, Abruf am 05.06.2015. (Eine Kopie des Dokuments befindet sich im Anhang.)

Microsoft Corporation (21.01.2005): Revoke an issued certificate. https://technet.microsoft.com/en-us/library/cc739815(v=ws.10).aspx, Abruf am 19.08.2015. (Eine Kopie des Dokuments befindet sich im Anhang.)

Microsoft Corporation (2009): Pre-Fetching. http://technet.microsoft.com/en-us/library/ee619723.aspx, Abruf am 13.01.2015. (Eine Kopie des Dokuments befindet sich im Anhang.)

Microsoft Corporation (05.08.2009): How to create a web server SSL certificate manually, http://blogs.technet.com/b/pki/archive/2009/08/05/how-to-create-a-web-server-ssl-certificate-manually.aspx, Abruf am 03.11.2015. (Eine Kopie des Dokuments befindet sich im Anhang.)

Microsoft Corporation (13.08.2009): Windows Server 2003 PKI and Role-Based Administration, https://technet.microsoft.com/en-us/library/cc739182(v=ws.10).aspx, Abruf am 03.11.2015. (Eine Kopie des Dokuments befindet sich im Anhang.)

Microsoft Corporation (13.08.2009): Role Separation, https://technet.microsoft.com/en-us/library/cc773161(v=ws.10).aspx, Abruf am 03.11.2015. (Eine Kopie des Dokuments befindet sich im Anhang.)

Microsoft Corporation (13.08.2009): Creating Certificate Policies and Certificate Practice Statements. https://technet.microsoft.com/en-us/library/cc780454%28v=ws.10%29.aspx, Abruf am 16.05.2015. (Eine Kopie des Dokuments befindet sich im Anhang.)

Microsoft Corporation (15.10.2009): Windows Server 2008 R2 CAPolicy.inf Syntax, http://blogs.technet.com/b/askds/archive/2009/10/15/windows-server-2008-r2-capolicy-inf-syntax.aspx, Abruf am 03.11.2015. (Eine Kopie des Dokuments befindet sich im Anhang.)

Microsoft Corporation (2013): TPM Fundamentals: http://technet.microsoft.com/en-us/library/jj889441.aspx, Abruf am 14.01.2015. (Eine Kopie des Dokuments befindet sich im Anhang.)

Microsoft Corporation (2014): Mitigating Pass-the-Hash (PtH) Attacks and Other Credential Theft, Version 2: https://www.microsoft.com/en-us/download/details.aspx?id=36036, Abruf am 05.06.2015. (Eine Kopie des Dokuments befindet sich im Anhang.)

Microsoft Corporation (2014): Constraints: what they are and how they're used, http://blogs.technet.com/b/pki/archive/2014/03/05/constraints-what-they-are-and-howthey-re-used-1.aspx, Abruf am 03.11.2015. (Eine Kopie des Dokuments befindet sich im Anhang.)

Microsoft Corporation (16.05.2014): Securing Public Key Infrastructure (PKI), http://aka.ms/securingpki, Abruf am 03.11.2015. (Eine Kopie des Dokuments befindet sich im Anhang.)

Microsoft Corporation (2015): Implement Role-Based Administration. https://technet.microsoft.com/en-us/library/cc732590.aspx, Abruf am 09.03.2015. (Eine Kopie des Dokuments befindet sich im Anhang.)

National Institute of Standards and Technology (NIST): Descriptions of SHA-256, SHA-384, and SHA-512, http://csrc.nist.gov/groups/STM/cavp/documents/shs/sha256-384-512.pdf, Abruf am 15.03.2015. (Eine Kopie des Dokuments befindet sich im Anhang.)

Scherschel, Fabian (10.04.2014): So funktioniert der Heartbleed-Exploit. http://www.heise.de/security/artikel/So-funktioniert-der-Heartbleed-Exploit-2168010.html?view=print, Abruf am 05.06.2015. (Eine Kopie des Dokuments befindet sich im Anhang.)

Schmeh, Klaus (2013): Kryptographie: Verfahren - Protokolle - Infrastrukturen. Heidelberg: dpunkt.verlag GmbH.

Tulloch, Ingrid/Tulloch, Mitch (2002): Microsoft Encyclopedia of Networking. Redmond, Calif. [u.a.]: Microsoft Press.

5.2 Abkürzungsverzeichnis

Abkürzung	Bedeutung
AIA	Authority Information Access
AKI	Authority Key Identifier
CA	Certification Authority
CDP	CRL Distribution Point
CP	Certificate Policy
CPS	Certificate Practice Statement
CRL	Certificate Revocation List
CSR	Certificate Signing Request
EDV	Elektronische Datenverarbeitung
HSM	Hardware Security Module
HTTP	Hypertext Transfer Protocol
IANA	Internet Assigned Numbers Authority
LDAP	Lightweight Directory Access Protocol
MD5	Message Digest 5
OCSP	Online Certificate Status Protocol
OID	Object Identifier
PDS	Policy Disclosure Statement
PIN	Personal Identification Number
PKI	Public Key Infrastructure
SHA	Secure Hash Algorithm
SKI	Subject Key Identifier
SLA	Service Level Agreement
SMTP	Simple Mail Transfer Protocol
SP	Security Policy
SSL	Secure Socket Layer
TLS	Transport Layer Security
TPM	Trusted Platform Module
VPN	Virtual Private Network

Abkürzung	Bedeutung
WAN	Wide Area Network

5.3 Tabellenverzeichnis

5.4 Abbildungsverzeichnis